Zen s

Zen sin maestros

Relatos y textos inspiradores

seleccionados por Richard Alderman

OCEANO AMBAR

2ª edición, septiembre 2005

Diseño de cubierta: P&M

Milanesat, 21-23 - EDIFICIO OCÉANO
08017 Barcelona
Tel.: 93 280 20 20* - Fax: 93 203 17 91
www.oceano.com

ISBN: 84-7556-352-X
Depósito Legal: B-29793-XLVII
Impreso en España - *Printed in Spain*
9001525020905

Índice

Primera parte

¿Qué es el Zen?

Introducción

El libro que tienes en tus manos es el resultado de un cuidado trabajo de selección de textos y una esclarecedora explicación de conceptos Zen.

Es un pequeño compañero que te proporcionará sabor a algunos de los platos de tu vida. Es una conversación. Es un silencio. Es el resultado de numerosos textos, comentarios y enseñanzas que han trascendido su tiempo y que, curiosamente, tienen plena vigencia en nuestra vida pasada, presente y futura.

ZEN SIN MAESTROS es un libro para todo el mundo. En él hay preguntas y respuestas, pero siempre se pueden plantear nuevos interrogantes a un número ilimitado de cuestiones.

El Zen es *Zen*. Entonces, ¿por qué este libro? A veces todos los caminos que llevan al mismo destino son diferentes. Para todos, las experiencias que hemos compartido tienen un elemento de la experiencia que han vivido otros y de forma inexplicable, estamos sujetos a sus intuiciones y percepciones. Todos los símbolos que nosotros podemos tener en común han surgido de la memoria colectiva, de la cultura... pero también hay símbolos que surgen de la sensibilidad.

Te recomiendo que después de leer este libro por primera vez no lo dejes aparcado en un estante o en tu mesita de noche. Llévalo a menudo contigo y échale un vistazo de vez en cuando. Lo mejor es que una vez conozcas todo su contenido, al abrirlo al azar y leer la página que se presente ante tus ojos, será como si fuese la primera vez. No intentes racionalizarla, léela e intúyela. Tu mente y tu cuerpo experimentarán una agradable sensación de bienestar... En ese momento comulgarás con el estado de ánimo que tenía quien escribió ese pedazo de sabiduría, en algunos casos, hace varios siglos. Trascenderás tu tiempo y trascenderás tu cuerpo.

El Zen como camino

«Zen es nuestro pensamiento cotidiano.»
CHAO-CHOU

¿Qué es el Zen? Ésta es una pregunta formulada y respondida de formas muy diversas a lo largo de los siglos. El Zen es algo tan abstracto como la vida cotidiana y como las preguntas y respuestas que nos hacemos cada día. El Zen no tiene un dogma o una descripción y definición exacta y a la vez tiene muchas. Es básicamente, la relación que tenemos cada uno de nosotros con nuestra realidad y con el mundo. Es el inicio, el átomo del que parte nuestra relación con la experiencia, con la naturaleza, con el espacio, con los demás... es el modo de entender todo esto y todo lo que nos despierte una duda.

El Zen es a la vez un camino práctico porque a través de él se puede despejar una incógnita y un camino espiritual ya que busca comprender la esencia.

Hay tantas definiciones de Zen como autores que han escrito sobre él. La mayor parte de ellas apuntan a que se trata de un proceso de meditación o de súper conciencia. Quienes han escrito sobre el Zen señalan los estados que no guardan relación con el cuadro de la personalidad y que, por tanto, solamente pueden ser alcanzados eliminando durante un tiempo la propia imagen.

El Zen es un movimiento budista pero que puede ser practicado por personas de toda condición religiosa, porque como apuntaba en el primer párrafo, no tiene dogma. En esencia, se puede decir que se trata de un estado de perfeccionamiento de la mente en el que se descubre la mente búdica (la conciencia pura).

¿De dónde viene?

«El que en verdad busca la Iluminación, una vez iluminado, no permanece en ese estado, puesto que la existencia de la iluminación significa todavía la existencia de la ignorancia.»

LANKAVATARA-SUTRA

El Zen se desarrolló en China durante los siglos VII y VI a.C. pero sus raíces proceden de la India. Se podría afirmar que su padre fue Siddharta Gautama (Buda Shakhyamuni) pero también tiene influencias de la religión daoísta que floreció en China a partir del siglo VI a.C. Zen procede de *Zenná* (traducción japonesa de *Ch'an-na* o *ch'an*) y significa «contemplación de la mente». Sin embargo, a pesar de fijar con firmeza sus raíces en el budismo, su transmisión y su enseñanza se realizan al margen de la doctrina de Buda. No forma parte de los *sutras* (escrituras budistas sagradas).

De cualquier forma, logró establecerse en China a través de cinco sectas (*Igyo, Hongen, Soto, Ummon* y *Rinsai*). A lo largo del siglo VII a.C. las enseñanzas *Soto* y *Rinsai* se difundieron por Corea y Japón.

La tradición *Rinsai* está basada en la relación maestro-discípulo y está destinada a desarticular las creaciones mentales. Se basa principalmente en el Kôan, una pregunta enigmática de difícil resolución que conduce a la *Iluminación* o *Satori*.

La tradición *Soto* se basa en el *zazen*, la meditación a través de la postura.

Qué puede hacer el Zen por ti

«Nuestra propia vida es el instrumento
por el cual experimentamos con la verdad.»
THICH NHAT HANH

Te propongo que salgas a la calle: ¿qué ves en cuanto traspasas la puerta de tu casa? ¿carteles publicitarios? ¿luminosos? ¿personas persiguiendo su objetivo particular? ¿tráfico?... ¿tienes alguna meta en ese orden caótico?

El Zen no te invita a encontrar algo inusual o alejado por completo de ti, sino que te ayuda a descubrir qué es lo que hay dentro de ti; te ayuda a percibir tu ser y tu conciencia. Uno de los principios más valiosos y fundamentales del Zen es que cada momento es precioso, una joya, porque forma parte de una experiencia vital irrepetible. El Zen te ayuda a no dispersar tu auténtica esencia: busca el aquí y el ahora.

En la actualidad, vivimos en una especie de caos ordenado con un sistema de valores generalmente *materialistas*: nos fijamos objetivos y si no los cumplimos en el plazo que nos imponemos, nos sentimos frustrados. ¿Son esas metas tan importantes? ¿En serio? El Zen considera que estas cosas son poco relevantes tanto en este mundo como en todas las formas de existencia futuras. El Zen se centra en la inmediatez del presente y en la oportunidad para alcanzar la Iluminación que debemos fijarnos.

No pierde el tiempo con palabras y desaconseja las conversaciones banales, sobre todo, el cotilleo.

La base de la práctica budista es la atención total, permanecer atento a todas horas. Esto quiere decir: estar, hablar y pensar desde una mente clara.

Incrementa tu autocontrol

«El propósito del Zen es el perfeccionamiento del carácter.»
YAMADA ROSHI

Se ha dicho que si vives tu vida de acuerdo al Zen, no tendrás miedo ni dudas, ni anhelos innecesarios, ni emociones exageradas. Los actos egoístas, los ademanes poco liberales, las palabras hirientes, las decisiones injustas... no te turbarán, porque estando sereno gozarás de un estado permanente de bienaventurada calma. Esto es lo que te permitirá buscar la mejor solución a cada situación. Una persona invadida por las emociones si intenta actuar en ese momento poco propicio, casi con toda probabilidad, originará más desorden. En cambio, una persona calmada, si se mantiene firme y logra establecer un cierto orden, conseguirá que los demás se sientan mejor.

En 1997 presencié desde la ventana de un edificio un desgraciado accidente de tráfico: una niña fue atropellada por un coche y quedó tendida muy grave sobre el asfalto. La niña paseaba por la calle con su madre, la cual se había detenido a charlar unos minutos con unas vecinas. La niña, como se aburría, comenzó a caracolear y a refunfuñar hasta que se deshizo de la mano de su progenitora. Al otro lado de la carretera había un parque y decidió cruzar para jugar en los columpios. Sin comprobar si en ese momento pasaban coches o no, avanzó decidida por el asfalto. En ese momento, un conductor que circulaba por la vía se sorprendió tanto por la inesperada aparición de la niña, que apenas tuvo tiempo de frenar el coche. Lo que ocurrió a continuación fue una sucesión de gritos y caos. La madre de la pequeña estaba tan histérica que se abalanzó contra el conductor haciéndole responsable de lo sucedido. El pobre hombre ni siquiera podía articular palabra, sólo acertaba a esquivar los golpes de la enfurecida mujer. Parecía que no había nadie en toda aquella escena que mantuviese la calma... Pero sí la hubo: una anciana que había permanecido sentada en un banco se levantó tranquilamente de su asiento y retiró amablemente a todos los que atosigaban a la niña. Pidió a una de aquellas personas que llamase a una ambulancia, comprobó las heridas del cuerpo de la cría y le dio consuelo hasta que llegaron los médicos.

«Cuando no puedes hacer nada,
¿Qué puedes hacer?»
KÔAN ZEN

Mejora tu salud

«La mariposa, ni siquiera
cuando la persiguen,
parece tener prisa.»
GARAKU

Eliminar las prisas en general, y a la hora de comer en particular, incrementa las defensas del cuerpo humano. Los monjes zen han de masticar cada bocado unas cien veces antes de tragárselo; de esta forma el alimento llega al estómago muy triturado y la asimilación de los nutrientes, vitaminas, etcétera, es más sencilla y fácil. Se producen menos trastornos digestivos y la evacuación también se ve favorecida.

Masticar convenientemente los alimentos y hacerlo con calma elimina los deseos de ingerir más de lo necesario. Comer en exceso es contrario a los principios del budismo; En *El Zen de la alimenta-*

ción, la psicóloga y estudiosa del budismo Ronna Kabatznick explica que, de acuerdo con esta doctrina, comer demasiado es un trastorno del deseo. Los apetitos emocionales no llegan a saciarse por completo hasta que se aprende a controlar los impulsos, que en ocasiones constituyen una auténtica tiranía. «Al aprender a desprenderte de tus ansias y reconocer los deseos que desencadenan comer en exceso, descubrirás el Camino Medio, un estado equilibrado de la mente y podrás comprender las causas de tu lucha con la comida» –dice Kabatznick. Buda definió el sufrimiento como «el voraz apetito de encontrar seguridad en lugares donde no puede hallarse»: en el peso, en el aspecto, en la comida que ofrecemos a nuestros amigos o, en el restaurante de moda que frecuentamos los sábados por la noche.

«Una tarta pintada no quita el hambre.»
KYOGÉN

La respiración

«Mejor que darle reposo a tu cuerpo,
es darle reposo a tu corazón.»
MUÑÓN

Es una de las bases del Zen. Respirar con la postura correcta contribuye a una mejor oxigenación de la sangre y, con ello, a mejorar el estado general de nuestro organismo. Para poder alcanzar una mente clara, los maestros zen aconsejan «seguir la respiración o contemplar la respiración»; cada inspiración es la primera y la única. No existe diferencia entre inspiración y espiración, ya que constituyen una sola acción. Es necesario seguir la respiración de salida del aire hasta que no resulte obvio si se inspira o se espira para luego dejar paso a la entrada de una nueva bocanada.

Los beneficios de la respiración profunda son innumerables: la respiración torácica (la que empleamos normalmente) se puede calificar como una respiración de urgencia. Respirar de este modo significa que estamos en un permanente estado de nerviosismo, de tensión. Si, por el contrario, recuperamos el *método del bebé* para respirar (emplear el estómago) nuestro metabolismo sintoniza mejor con las necesidades de cada vivencia y, con ello, el cuerpo adquiere más salud porque comienza a relajarse.

«Actúa sin hacer;
trabaja sin esfuerzo.»
LAO TZE

El trabajo físico y las carreras son las actividades físicas corporales más importantes que realizan los monjes zen. Todos ellos trabajan diariamente y realizan cada una de sus tareas (limpieza, cultivo de hortalizas, cortar leña...) con plena conciencia, con atención plena a cada uno de sus movimientos. La meditación cuenta también con una pequeña pero, al mismo tiempo, fundamental parte de gimnasia: los monjes suelen realizar una serie de ejercicios de estiramiento que mantiene sus músculos elásticos durante las largas sesiones de *zazen*; pero la actividad física más clara la constituyen las carreras. Éstas se realizan cuando uno de los superiores da la señal después de una hora de meditación. Los monjes corren alrededor del salón manteniendo la cabeza elevada y la vista al frente (mantener una postura correcta es la base del *zazen*). En ocasiones el superior indica dar únicamente un paseo, los monjes avanzan entonces en fila india con las manos cruzadas a la altura del pecho. Todo ello les mantiene en una excelente forma física.

La meditación

«Meditar significa darse cuenta
interiormente de la imperturbabilidad
de la esencia de la mente.»
HUI-NENG

Otra de las prácticas que les mantiene físicamente en un estado óptimo es, curiosamente, una actividad pasiva. Meditar de manera constante puede reducir significativamente la presión arterial y regular las frecuencias cardiaca y respiratoria. Como esta práctica produce beneficios derivados de armonizar cuerpo y mente, quienes meditan con regularidad corren menos riesgos de enfermar.

Varios estudios científicos han demostrado que la meditación mejora visiblemente el rendimiento, la velocidad, la agilidad y la resistencia. Por ello, muchos deportistas ponen en práctica las técnicas de la concentración para eliminar la ansiedad y el estrés que suelen inhibir su rendimiento. Así, logran estar dinámicamente activos sin perder la serenidad.

En todas las tradiciones meditativas, la atención total es la esencia. En el Zen ocurre exactamente lo mismo pero unido al mantenimiento de la postura. El zazen(sentarse [*za*] mientras se mira hacia adentro [*zen*]), es la base de la tradición *Soto*, en la que se hace hincapié en la forma de sentarse de la forma prescrita, manteniendo una postura correcta. Se insiste en ello porque el alumno ha de darse cuenta de que no se trata de una enseñanza nueva con la que alguien experimenta, sino que, tiene sus raíces en una antigua enseñanza transmitida a lo largo de siglos.

Para meditar en condiciones óptimas conviene una habitación silenciosa y, en la medida de lo posible, dedicada únicamente a *zazen*. No debe ser demasiado oscura ni demasiado luminosa. Ni demasiado cálida ni demasiado fría (*demasiado*, es el origen de todas las perturbaciones).

Nos sentamos tranquilamente, sin precipitación y sin dejarnos caer como un peso muerto. Controlamos el movimiento que nos conduce de la posición erguida a la posición sentada. Para la práctica pura de *zazen* existen dos posturas posibles: *loto* y medio *loto*. En la postura de *loto*, los pies presionan, sobre cada muslo. unas zonas que contienen importantes puntos de acupuntura correspondientes a los meridianos del hígado, vesícula y riñones, estimulándolos y fortaleciéndolos.

«Para la postura de loto poned primero
vuestro pie izquierdo sobre el muslo derecho
y el pie derecho sobre el muslo izquierdo.
Para la postura de medio loto, contentaros
con presionar vuestro pie izquierdo
contra el muslo derecho.»

DOGEN ZENJI

Postura de medio loto

Postura de loto

Lo más recomendable es sentarse sobre un cojín o una banqueta baja con la espalda erguida y el centro de gravedad bajo nuestro cuerpo. Como los occidentales estamos acostumbrados a sentarnos cómodamente en una silla, más adelante propondremos una postura más cómoda para iniciaros.

Para comenzar la meditación son muchos los elementos que han de tenerse en cuenta y es mejor ir familiarizándose con cada uno de ellos poco a poco.

Por espalda erguida se entiende que ésta debe estar sostenida únicamente por la columna vertebral. Si los hombros o la cabeza se inclinan hacia delante, la curvatura que producen impide la meditación. Por eso, al sentarse para practicar *zazen* es importante elevar un poco las nalgas del cojín y echarlas hacia atrás; tiene el efecto de inclinar la pelvis hacia delante cuando el practicante se sienta. Para proporcionar una base adecuada, el cojín ha de ser firme.

Una vez que estamos seguros de la estabilidad de la postura y de la verticalidad de la columna vertebral, colocamos las manos de la siguiente manera: la mano izquierda sobre la mano derecha y las palmas hacia arriba. Los dedos pulgares se tocan suavemente, formando una línea completamente horizontal.

Antes de inmovilizarnos totalmente, inspiramos con fuerza por la nariz y espiramos por la boca vaciando los pulmones del aire viciado.

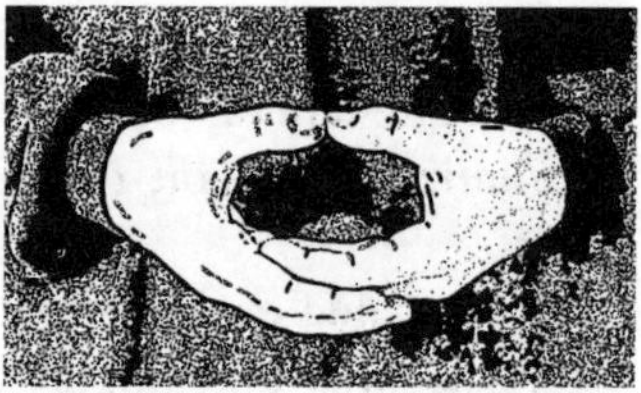

Esta respiración se repite dos o tres veces. Después, nos inmovilizamos absolutamente y respiramos por la nariz, en silencio y con delicadeza.

La posición de la cabeza también es fundamental; si se permite que caiga hacia delante o hacia abajo equivale a adoptar una postura de derrota. Si cae hacia atrás, sobre el cuello, significa una postura de debilidad.

Después de haber colocado correctamente la cabeza, los párpados deben caer manteniendo los ojos abiertos, pero sin fijarlos; lo mejor es mantener la vista desenfocada. De esta forma, se evita la tensión ocular y los desagradables efectos visuales que se producen cuando miramos un punto fijo. Durante el *zazen*, el córtex cerebral reposa y el flujo consciente de pensamientos se detiene, mientras que la sangre afluye hacia las capas mas profundas del cerebro. Mejor irrigado, éste se despierta de un semisueño. Su actividad da impresión de bienestar, de calma y serenidad, próximas al sueño profundo, pero en plena vigilia. El sistema nervioso se relaja, el cerebro primitivo entra en actividad. Se es receptivo, se está atento, en más alto grado, a través de todas las células del cuerpo. Se piensa con el cuerpo, inconscientemente, sin usar energía.

No se trata de querer detener los pensamientos, lo cual sería todavía peor, sino dejarlos pasar como nubes en el cielo, como reflejos en un espejo, sin oponerse a ellos, sin tampoco apegarse. De esta manera, las sombras pasan y se desvanecen. Y poco a poco, una vez que las imágenes del subconsciente han surgido y desaparecido, se llega al subconsciente profundo, sin pensamiento.

Cómo iniciarse a la **meditación**

- Usa ropa cómoda, a ser posible holgada y de color oscuro.
- Siéntate en una silla, con la espalda bien derecha y los pies apoyados firmemente en el suelo. Cierra suavemente los ojos, apoya tus manos sobre las rodillas e imagina una línea transversal que va desde tu ombligo a la punta de tu nariz.
- Respira lentamente y con ritmo constante. Lo ideal es que inhales por la nariz sintiendo el movimiento del aire hasta que llegue a tu abdomen. Presta atención a las partes de tu cuerpo que estén en tensión y en el momento de exhalar imagina que tus músculos se relajan.
- Concéntrate sobre el objeto de tu meditación: el ritmo de tu respiración, una imagen (una llama, una vela, un símbolo...), una expresión o palabra repetida silenciosamente.

- Tu atención debe ser pasiva. Si tu mente se distrae, toma conciencia de ello y vuelve a concentrarte en el objeto.
- La meditación no es un ejercicio de resistencia, fortalece la voluntad pero, como toda práctica, necesita un entrenamiento. Si te sientes muy incómodo o te obligas a soportar dolores físicos, te resultará imposible ignorar estos pensamientos de tu mente. Si la incomodidad es leve no te resistas a ella, familiarízate con la sensación y verás cómo después de un rato disminuye o desaparece.
- Limita siempre el tiempo que permanezcas sentado. Empieza con cinco minutos y ve alargando las sesiones poco a poco hasta los 20 ó, como máximo 30 minutos.
- Después de cada sesión realiza unos estiramientos. También es muy recomendable andar durante unos 10 minutos.

Segunda parte

Historias Zen

La taza de té

Nan-in, un maestro japonés de la era *Meiji* (1868-1912) recibió cierto día la visita de un erudito, profesor de universidad, que venía a informarse acerca del Zen.

Nan-in sirvió el té. Colmó de líquido, hasta el mismo borde, la taza de su huésped y entonces, en vez de detenerse, siguió vertiendo té sobre ella con toda naturalidad. El erudito contemplaba absorto la escena, hasta que al fin no pudo contenerse más.

–Está llena hasta los topes. No siga, por favor.

–Como esta taza, –dijo entonces Nan-in, estás tú: lleno de tus propias opiniones y especulaciones. ¿Cómo podría enseñarte lo que es el Zen si no vacías primero tu taza?

Obediencia

A las charlas del maestro Bankei, que fueron muy populares durante el régimen de Tokugawa en Japón, asistían no solo estudiantes de Zen sino personas de toda condición y creencia. Bankei no recurría jamás a citas de los *sutras* ni se enzarzaba en discusiones escolásticas. Sus palabras le salían directamente del corazón e iban dirigidas a los corazones de sus oyentes.

Sus largas audiencias acabaron irritando a un sacerdote de la escuela Nichiren, de carácter militar, cuyos adeptos le habían abandonado para ir a escuchar sobre Zen. Cierto día, este egocéntrico sacerdote se encaminó hacia el templo donde disertaba Bankei con el propósito de entablar con él un duro debate.

–¡Eh, tú, maestro zen! –gritó–, ¡atiende a esto! quienquiera que te respete, te obedecerá en cuanto digas, pero un hombre como yo, que no te profeso respeto alguno, ¿cómo puedes hacer para que te obedezca?

–Acércate a mi lado y te lo mostraré –dijo Bankei.

Orgullosamente, el sacerdote avanzó entre la multitud hasta llegar al lugar donde estaba el maestro. Éste sonreía.

–Colócate a mi izquierda.

El sacerdote obedeció.

–No, espera –se retractó Bankei– Hablaremos mejor si estás a mi derecha. Ponte aquí.

El sacerdote se dirigió altivamente hacia la derecha.

–¿Lo ves? –observó Bankei–. Estás obedeciéndome y, la verdad, pienso que eres una persona muy dócil. Ahora siéntate y escucha.

Ama abiertamente

Veinte monjes y una monja de nombre Eshun, practicaban meditación junto a un maestro zen.

Eshun era muy bella a pesar de llevar la cabeza afeitada y vestir las sencillas ropas del monacato. Varios monjes estaban secretamente enamorados de ella. Uno de ellos le escribió un día una nota en la que le declaraba su amor insistiendo en que accediese a concertar con él un encuentro privado.

Eshun no contestó. Al día siguiente, el maestro daba una conferencia al grupo. Al acabar la disertación, Eshun se levantó y señalando con el dedo a su admirador secreto dijo:

–Si en verdad me amas tanto, ven aquí y abrázame en este momento.

Seguridad

A principios de la era *Meiji* vivía en Japón un famoso luchador de sumo llamado O-nami, que quiere decir «grandes olas». O-nami era inmensamente fuerte y conocía como nadie el arte de la lucha. En los entrenamientos era capaz de vencer a su maestro, pero cuando luchaba en público se intimidaba de tal forma que hasta sus propios pupilos lo tumbaban al suelo.

A O-nami se le ocurrió que tal vez un maestro zen pudiera ayudarle a resolver su problema. Daba la casualidad de que Hakuju, un maestro transhumante, se había detenido a descansar por aquel entonces en un pequeño templo de los alrededores. O-nami fue allí a verle y le expuso su caso.

–Grandes olas es tu nombre –le recordó Hakuju–. Así que quédate esta noche en el templo y trata de imaginarte que verdaderamente eres todas esas formas ondulantes. Nunca más serás un luchador miedoso. Eres esas enormes olas que barren cualquier cosa y que todo se lo tragan a su paso. Hazlo así y serás el más grande campeón sobre la Tierra.

El maestro se fue y O-nami permaneció sentado en la postura de meditación, esforzándose en verse a sí mismo como unas olas. Pensó en formas muy diversas... Poco a poco, su espíritu fue identificándose con la sensación de las olas. A medida que la noche avanzaba, éstas se hacían más y más grandes e iban creciendo en intensidad y volumen. Las flores fueron arrancadas de cuajo de sus tiestos. Hasta el Buda del altar quedó inundado. Antes del amanecer, el templo entero no era ya otra cosa que el ir y venir de un inmenso mar embravecido.

Por la mañana, el maestro encontró a O-nami meditando. Una débil sonrisa dibujaba su rostro. Le dio una palmada en el hombro.

–Ahora ya nada puede inquietarte –dijo–. Eres en verdad esas olas. Barrerás cualquier cosa.

Ese mismo día, O-nami tomó parte en los combates y ganó. Desde entonces, nadie en todo Japón fue capaz de derrotarle.

La luna no se puede robar

Ryokan (1758-1831), monje ermitaño de la escuela *Soto*, vivía de la forma más austera en una pequeña choza al pie de una montaña. Cierto día, por la tarde, estando él ausente, un ladrón se introdujo en el interior de la choza. Descubrió que allí no había nada que pudiese ser robado.

Ryokan, que regresaba entonces, se encontró con el ladrón en su casa.

–Debes haber hecho un largo viaje para venir a visitarme –le dijo–, y no sería justo que volvieras con las manos vacías. Por favor, acepta mis ropas como regalo.

El ladrón estaba perplejo pero al fin cogió las ropas y se marchó. Ryokan se sentó en el suelo, desnudo, contemplando la luna a través de la ventana.

–Pobre hermano –se decía–. Ojalá pudiera haberle dado esta maravillosa luna.

La historia cambia

La bella Shunkai, también llamada Suzu, fue obligada a casarse en contra de sus deseos cuando era muy joven. Más tarde, después del fracaso de su matrimonio, asistió a la Universidad. Allí estudió Filosofía.

Ver a Shunkai era caer locamente enamorado de ella. Más aún, dondequiera que fuese, ella misma se quedaba prendada de la gente. El amor estaba en ella. Estuvo en la Universidad y más adelante, cuando la Filosofía dejó de interesarle, ingresó en un monasterio para aprender Zen. Los propios monjes perdieron el corazón al verla.

Por fin, en Kioto, Shunkai se convirtió en una verdadera estudiante de Zen. Sus hermanos en el subtemplo de Kennin solían elogiarla por su sinceridad y, uno de ellos, que resultó ser un espíritu afín al suyo, la asistió en su búsqueda del *satori* (la Iluminación).

El abad de Kennin, Mokurai, que quiere decir «trueno silencioso», era muy severo y acostumbraba a guardar escrupulosamente los preceptos; asimismo esperaba que todos los monjes hiciesen lo mismo. Mokurai solía agarrar una escoba y ahuyentaba a las mujeres cuando las encontraba en alguno de sus templos. Pero, cuantas más mujeres barría más volvían al día siguiente.

En este templo en particular, ocurrió que la esposa del superior sintió celos de la belleza y aplicación de Shunkai. El mero hecho de oír a los monjes alabarla por su seriedad en el estudio del Zen, hacía que esta mujer se retorciese de ira. Finalmente, difundió un rumor sobre Shunkai y el joven monje que era su amigo. A consecuencia de ello, el monje fue expulsado y Shunkai obligada a trasladarse a otro templo.

–Puede que haya cometido el error de amar –se dijo Shunkai–. Pero la mujer del superior no permanecerá en este templo si mi amigo es tratado de una manera injusta.

Esa misma noche, volvió llevando consigo una lata de queroseno. Prendió fuego al templo, reduciendo a cenizas sus quinientos años de historia. Por la mañana, fue detenida por la policía.

Un joven abogado se interesó por su caso y trató de hacer más ligera la sentencia.

–No quiero que me ayudes –le decía Shunkai.

–Probablemente haría cualquier otra cosa que me llevara de nuevo a la cárcel.

Después de haber cumplido una condena de siete años, Shunkai salió de la prisión. Allí también, su carcelero, que contaba a la sazón sesenta y tres años, se había enamorado de ella.

Pero ahora todo el mundo la miraba como una reclusa, como una persona que ha estado en la cárcel. Nadie quería tener ningún tipo de relación o trato con ella. Hasta la misma gente del Zen, que se supone que cree en la Iluminación en esta vida y con este cuerpo, evitaba su compañía. El Zen, descubrió amargamente Shunkai, era una cosa y sus seguidores otra muy distinta. Tampoco sus parientes hicieron nada por ella. Pronto llegaron la enfermedad y la miseria.

Cierto día conoció a un sacerdote de la secta *shinshu*, rama de la *tierra pura* del budismo.Éste le enseñó el nombre del buda del amor y en esto, Shunkai encontró algo de paz y solaz. Murió a los treinta años siendo aún una mujer extraordinariamente hermosa. Había escrito parte de su propia vida en un último y vano esfuerzo por ganarse la vida y el resto se lo confió a una escritora. Fue así como alcanzó al pueblo japonés. Aquellos que la rechazaron en vida, que la difamaron y la odiaron, leen ahora su historia con lágrimas de remordimiento.

El buda

En Tokio, durante la era *Meiji*, vivían dos prominentes maestros de caracteres opuestos. Uno de ellos, Unsho, instructor de *shingon*, seguía los preceptos del buda escrupulosamente. No probaba jamás el alcohol ni ingería alimento alguno a partir de las once de la mañana. Por el contrario, Tanzan, el otro maestro, profesor de Filosofía en la Universidad Imperial, no respetaba nunca los preceptos y comía cuando tenía hambre y, si le entraba sueño, dormía durante el día.

Unsho decidió ir a visitar a Tanzan. Lo encontró bebiendo vino alegremente, y se supone que una lengua budista no debe probarlo.

–¡Hola, hermano! ¿No quieres un trago?

–¡Nunca bebo! –exclamó Unsho solemnemente.

–Alguien que no bebe no es un hombre –declaró Tanzan.

–¿Quieres decir que no me consideras un hombre? –preguntó irritado Unsho–. ¿Qué soy entonces?

–Un buda. –Los dos rieron.

¿Aún sigues llevándola?

Tanzan y Ekido caminaban juntos por un sendero lleno de barro, llovía copiosamente y al doblar un recodo, se encontraron de frente con una hermosa joven vestida con un kimono de seda. No se atrevía a pasar por miedo a mancharse.

–Ven aquí, muchacha –le dijo Tanzan y, tomándola en brazos, la pasó limpiamente al otro lado.

Ekido no dijo una palabra y continuaron andando. Al caer la noche, los dos amigos encontraron alojamiento en un monasterio. Entonces Ekido no pudo contenerse más y dijo:

–Se supone que los monjes debemos mantenernos alejados de las mujeres –recriminó a Tanzan–, especialmente si son jóvenes y bonitas. No hacerlo así es peligroso. ¿Cómo pudiste llevar a aquella muchacha entre tus brazos?

–Dejé a la chica en el camino –replicó Tanzan

–¿Aún sigues llevándola?

Cuando el profesional se esmera

Un joven médico llamado Kusuda se encontró un día con un amigo del colegio que había estado estudiando Zen. Kusuda le preguntó en qué consistía y su amigo le respondió:

–No puedo decir lo que es, pero una cosa es cierta: cuando profundizas en el Zen, pierdes todo el miedo a la muerte.

–Eso suena bien -dijo el joven doctor–. Creo que voy a intentarlo. ¿Dónde puedo encontrar un maestro?

–Ve a ver a Nan-in –le propuso el amigo.

Kusuda así lo hizo, no sin antes haberse provisto de un largo puñal, pues quería comprobar si el propio maestro había vencido el temor a la muerte.

–¡Hola, muchacho! –exclamó Nan-in al verle–. ¿Cómo estás? Hacía tiempo que no nos veíamos.

–No nos hemos visto antes –dijo Kusuda perplejo.

–Tienes razón –se corrigió Nan-in–, te había confundido con otro médico que recibe instrucción aquí.

Con tales prolegómenos Kusuda vio perdida su oportunidad de probar al maestro, así que de mala gana le preguntó si también él podía ser instruido.

–El Zen no es una tarea difícil –respondió Nan-in–. Si tú eres médico, trata a tus pacientes con esmero. Eso es Zen.

Kusuda fue tres veces a ver a Nan-in. En las tres ocasiones el maestro le recordó lo mismo:

–Un médico no debería estar aquí perdiendo el tiempo. Vuelve y cuida de tus pacientes.

No estaba nada claro aún para Kusuda cómo semejante enseñanza podía erradicar el temor a la muerte, de forma que a la cuarta visita protestó:

–Un amigo me dijo que cuando uno aprende Zen pierde el miedo a la muerte. Cada vez que vengo aquí, todo lo que me dices es que cuide a mis pacientes. Eso ya lo sé. Si todo lo que se llama Zen consiste en eso no quiero volverte a ver nunca más.

Nan-in sonrió y, dando a Kusuda una afectuosa palmada le dijo:

–Tal vez haya sido demasiado estricto contigo. Permíteme que te presente un *kôan*. Le enfrentó entonces al *Mu* de Joshu, que es el primero de los problemas para el esclarecimiento de la mente que figuran en el libro *La entrada sin puerta*.

«Un monje dijo a Joshu:
–Yo simplemente he entrado en este monasterio. Por favor enséñeme.
–¿Usted ha comido las gachas de su arroz? –preguntó Joshu.
–Sí, ya lo he hecho –contestó al monje.
–Entonces tiene limpio su cuenco –dijo Joshu.

Kusuda consideró con cuidado el problema buscando una respuesta. Pasados dos años, creyó haberla encontrado al fin, pero su maestro sentenció:

–Todavía no lo has comprendido.

Durante un año y medio más Kusuda meditó constantemente. Su mente se fue pacificando poco a poco y todos los problemas se disiparon. La Nada se hizo Verdad. Atendía con solicitud a sus pacientes y, sin apenas darse cuenta, había transcendido toda inquietud relativa a la vida y la muerte.

Cuando fue de nuevo a ver a su maestro Nan-in se limitó a esbozar una sonrisa.

Escapar al ojo vigilante

Quienquiera que visite el templo de Obaku, en Kioto verá esculpidas sobre la puerta de la fachada las palabras «El primer principio». Las letras tienen un tamaño extremadamente grande y, entre aquellos que aprecian el arte de la caligrafía, son unánimemente admiradas como una obra maestra. Fueron realizadas por Kosen hará más de doscientos años.

Originariamente, el maestro hizo un diseño en papel a partir del cual podría ejecutarse, a mayor escala, el tallado sobre la madera. Durante todo el tiempo que Kosen empleó en este trabajo, no se separó de él un joven y osado discípulo que había preparado para la caligrafía varios galones de tinta y no dejaba un momento de criticar la obra de su maestro.

–No está nada bien –dijo a Kosen después del primer intento.

–¿Qué tal ahora?

–Muy pobre, peor que antes.

Pacientemente, Kosen dibujó las letras una y otra vez, hoja tras hoja, hasta que al fin, ochenta y cuatro primeros principios se hubieron acumulado sin merecer aún el beneplácito del exigente discípulo. Entonces, al retirarse éste unos minutos, Kosen pensó:

–He aquí mi oportunidad de escapar de su ojo vigilante; y escribió apresuradamente con la mente libre de toda preocupación: «El primer principio».

–Una obra maestra –dijo el discípulo a su regreso.

Mi corazón arde como el fuego

Soyen Shaku, el primer maestro zen que viajó a América, solía decir: «Mi corazón arde como el fuego, pero mis ojos están fríos como cenizas muertas». Propuso las siguientes reglas, que él mismo practicaría todos los días, durante el resto de su vida:

«Por la mañana, antes de vestirte, quema incienso y medita.

»Retírate a una hora fija. Come a intervalos regulares, con moderación y sin llegar nunca al punto de saciedad.

»Recibe a tus invitados con la misma actitud que tienes cuando estás solo. Cuando estés solo mantén la misma actitud que al recibir invitados.

»Observa lo que dices y, digas lo que digas, ponlo en práctica.

»Cuando se te presente una oportunidad, no la dejes escapar. Sin embargo, piénsatelo siempre dos veces antes de actuar.

»No te lamentes por el pasado. Dirige tu mirada hacia el futuro. Mantén la intrépida disposición de un héroe y el corazón cariñoso de un niño.

»Al irte a acostar, duerme como si se tratara de tu último sueño. Al despertarte, sal inmediatamente de la cama como si tirases un par de zapatos viejos».

La voz de la verdad

Después de la muerte de Bankei, un hombre ciego que vivía cerca del monasterio del maestro contaba a un amigo: al estar privado de la vista me resulta imposible distinguir los rasgos de la cara de una persona así que debo juzgar su carácter por el sonido de su voz. Generalmente, cuando oigo a alguien felicitar a otro por su buena suerte o su éxito en la vida escucho también un secreto tono de envidia. Cuando lo que se expresa es condolencia por la desgracia ajena, detecto a la vez cierto placer y satisfacción, como si el que se compadece estuviese realmente viendo en el fracaso del otro un hueco abierto para sus propios logros.

–A lo largo de toda mi experiencia, sin embargo, la voz de Bankei no dejó nunca de ser sincera. Siempre que pronunciaba palabras de alegría, no escuchaba yo otra cosa sino alegría y cuando lo que manifestaba era tristeza, tristeza era todo lo que oía.

El tesoro está en tu propia casa

Daiju visitó a Baso en China. Baso le preguntó:

–¿Qué es lo que vienes buscando?

–La Iluminación.

–Tienes el tesoro en tu propia casa. ¿Qué necesidad hay de salir a buscarlo fuera? –preguntó Baso.

–¿Dónde está exactamente ese tesoro? –replicó Daiju.

Lo que estás preguntándome es ese tesoro –sentenció Baso.

Daiju fue iluminado, obtuvo el *satori*. A partir de ese momento, instaba continuamente a sus amigos:

–Descubrid el tesoro de vuestra propia casa y utilizadlo.

Tarjeta de visita

Keichu, el gran maestro zen de la era *Meiji*, era el prior del templo de Tofuku, en Kioto. En cierta ocasión recibió la visita del gobernador. Era la primera vez que venía a verle.

Un sirviente presentó su tarjeta en la que se leía: «Kitagaki, gobernador de Kioto».

–No tengo nada que ver con ese señor –declaró Keichu al mensajero–. Dile que se marche.

El sirviente, disculpándose, devolvió la tarjeta al gobernador.

–Fue culpa mía –dijo éste– y, tomando un lápiz, tachó las palabras «gobernador de Kioto».

–Ve y anúnciame de nuevo.

–¡Ah! ¿Se trata de ese tal Kitagaki? –exclamó el prior al leer la tarjeta–. Dile que pase, quiero verle.

La proporción exacta

Sen-no Rikiu, el maestro de la ceremonia del té, quiso colgar un cesto de flores en una columna. Habiendo contratado los servicios de un carpintero, no dejó un momento de inspeccionar la labor de éste, sugiriéndole que pusiese el cesto un poco más arriba o un poco más abajo, a la derecha o, a la izquierda, hasta que finalmente dio con el lugar exacto.

–Ése es el sitio –dijo Sen-no Rikiu.

El carpintero, para probar al maestro, marcó el lugar y simuló haberlo olvidado.

–¿Era éste? ¿éste otro tal vez? –iba preguntando a medida que señalaba puntos diversos en la superficie de la columna.

Pero era tan agudo el sentido de la proporción de Sen-no Rikiu, que su aprobación solo llegó cuando el dedo del carpintero se posó de nuevo en el punto elegido anteriormente.

Falta de atención

Una mujer tenía mucho éxito en su carrera, amaba a sus niños y tenía un compañero amante y afectuoso en la persona de su esposo. Una mañana, ella sintió que a su vida le faltaba el significado completo, a pesar de los logros prácticos de muchas de sus actividades. Sentía un vacío y resolvió que si ella podía encontrar más fuerza interior y renovar sus energías, podría darle un sentido a su vida.

Durante sus vacaciones supo que su madre estaría feliz de cuidar a sus hijos durante unos días y, su esposo entendió que necesitaba estar sola.

La mujer fue a un balneario que le recomendaron sus amistades y allí, recibió un horario para realizar las curas. En cuanto salía de uno de los tratamientos había un atento y pensativo miembro del personal esperándola para guiarla a su próximo tratamiento. En la mañana de su partida una mujer hermosamente serena se sentó enfrente de ella en el cuarto de la meditación. Esta mujer al principio no habló, pero dejó claro por su postura, que se le podían hacer preguntas. La visitante se decidió:

–Por favor, dígame por qué, aunque yo disfruto con mi trabajo, adoro a mis niños, tengo amor y compasión hacia mi marido y él me quiere, echo de menos alguna cosa. ¿Hay algo que hago mal? ¿Hay algo que no estoy haciendo? ¿Hay algo más que puedo hacer?

–Sí, lo hay –dijo la mujer–. No se encuentra en los placeres. No se encuentra en las cosas materiales. No se encuentra pensando.

El maestro del té y el asesino

Taiko, un *Samurai* que vivía en Japón antes de la era de los Tokugawa estudió *Cha-no-yu*, la etiqueta del té, con Sen-no Rikiu, el gran maestro de esa peculiar expresión de la calma y la satisfacción interiores.

Kato, uno de los primeros oficiales de Taiko, convencido de que el entusiasmo de su superior por la etiqueta del té le había vuelto negligente con los asuntos de estado, se propuso matar a Sen-no Rikiu. Fingiendo estar interesado en el *Cha-no-yu*, consiguió que le invitara a tomar el té a su casa.

Al maestro, que era un experto en su arte, le bastó una mirada para percatarse de las intenciones del oficial, así que sugirió a Kato que dejase su espada en la puerta, explicándole que la ceremonia del té simboliza el espíritu mismo de la paz.

Kato permaneció sordo a esta solicitud:

–Soy un guerrero –dijo–. Llevo siempre mi espada conmigo, no pienso separarme de ella.

–Está bien, entra entonces con tu espada y bebe una taza de té –consintió Rikiu.

La tetera hervía en el fuego de carbón. De pronto, Sen-no Rikiu la volcó sobre las brasas. Silbando, el vapor se levantó y llenó la habitación de humo y cenizas. El asustado guerrero salió corriendo.

–Fue culpa mía –se disculpó Rikiu–. Te ruego que vuelvas y tomes una taza de té. Tu espada está aquí, algo ennegrecida por las cenizas pero me encargaré de limpiarla mientras bebes.

En esta difícil situación el guerrero comprendió que no podría matar al maestro así que abandonó su propósito.

En manos del destino

Un famoso guerrero japonés llamado Nobunaga, decidió atacar al enemigo a pesar de ser este, diez veces superior en número. Estaba seguro de la victoria pero sus hombres no pensaban lo mismo.

De camino hacia el campo de batalla, Nobunaga se detuvo ante un santuario sintoísta y anunció a los soldados:

–Después de visitar el templo lanzaré una moneda al aire. Si sale cara, ganaremos; si sale cruz, seremos derrotados. El destino nos tiene en sus manos.

Nobunaga entró en el santuario y oró en silencio. Al salir tiró la moneda. Salió cara. Sus soldados se lanzaron al combate con tal vehemencia que la batalla se resolvió fácilmente a su favor.

–Nadie puede alterar los designios del destino –le dijo uno de sus oficiales después de la victoria.

–Nadie –asintió Nobunaga, sacando del bolsillo una moneda trucada con una cara por cada lado.

¿Qué estás haciendo? ¿Qué estás diciendo?

En los tiempos modernos se han dicho una gran cantidad de disparates sobre los maestros y los discípulos, especialmente, en lo que se refiere al legado que deja un maestro a sus pupilos favoritos, dándoles el derecho a transmitir la verdad a sus allegados. Por supuesto, el Zen debería ser impartido de este modo, de corazón a corazón y así sucedía efectivamente en el pasado, cuando rimaban el silencio y la humildad más que la profesión y la aserción. Aquel que recibía la sagrada enseñanza la mantenía bien escondida durante mucho tiempo, hasta veinte años si se daba el caso. Nunca antes de que otro descubriese por ineludible necesidad, que tenía a mano un verdadero maestro, se sabía que la enseñanza había sido impartida e, incluso entonces, ésta surgía naturalmente por su propio peso. Bajo ninguna circunstancia proclamaba jamás el maestro: «Soy el sucesor de tal o cual». Semejante proclama habría probado precisamente lo contrario.

El maestro zen Mu-nan tuvo un único sucesor. Su nombre era Shoju, el maestro de Hakuin. Al haber completado éste sus estudios de Zen, Munnan lo llamó a su cuarto.

–Me estoy haciendo viejo –le dijo–, y que yo sepa, tú eres el único capacitado para conservar esta enseñanza. Aquí tienes este libro. Ha ido pasando de maestro a maestro durante siete generaciones. Yo mismo he añadido también algunas notas conforme a mi entendimiento. El libro tiene un gran valor y te lo entrego como símbolo de la sucesión.

–Si ese libro es algo tan importante –replicó Shoju–, será mejor que lo conserves. Recibí tu Zen sin necesidad de escritura alguna y estoy satisfecho de que haya sido así.

–Lo sé –dijo Mu-nan–, sin embargo, este trabajo se ha transmitido de un maestro a otro durante siete generaciones, de forma que debes llevártelo como muestra de haber recibido la enseñanza. Aquí lo tienes, tómalo.

Daba la circunstancia de que estaban hablando frente a un brasero. Al momento de tocar el libro entre sus manos Shoju lo arrojó sobre los carbones encendidos. No tenía interés en poseer nada.

Mu-nan, que nunca se había enfadado antes, exclamó:

–¡Qué estás haciendo!

Shoju le devolvió el grito:

–¡Qué estás diciendo!

Lo más valioso del mundo

Un estudiante preguntó al maestro chino Sozan:

–¿Cuál es la cosa más valiosa del mundo?

–La cabeza de un gato muerto –dijo el maestro.

–¿Por qué? –inquirió el joven.

–Porque nadie puede decir su precio –replicó Sozan.

Temperamento

Un estudiante se quejaba en cierta ocasión ante Bankei:

–Maestro, tengo muy mal temperamento. ¿Cómo podría controlarlo?

–Tienes algo muy raro –replicó Bankei–, déjame verlo.

–No puedo enseñártelo en este momento –dijo el otro.

–¿Cuándo podrás hacerlo? –preguntó Bankei.

–Surge de improviso –contestó el estudiante.

–Entonces, no debe ser tu propia naturaleza. Si lo fuera, podrías enseñármelo cuando quisieras; no lo llevabas contigo cuando naciste y tus padres no te lo dieron. Piensa en ello –concluyó el maestro.

Llega la hora

Ikkiu, el maestro zen, era muy listo aun siendo un muchacho. Su maestro poseía una preciosa taza de té, una antigüedad muy rara y de gran valor. Un día, Ikkiu la rompió sin darse cuenta. Oyendo el ruido de las pisadas de su maestro, escondió precipitadamente las piezas rotas detrás de él. Al entrar aquél en el cuarto, Ikkiu le preguntó:

–Maestro, ¿por qué la gente tiene que morir?

–Es lo natural –explicó el viejo–. Todas las cosas tienen que morir, cuando han tenido también tiempo de vivir.

Ikkiu sacó entonces la taza rota y dijo:

–Maestro, le ha llegado a su taza la hora de morir.

Una gota de agua

Un maestro zen llamado Gisan pidió a un joven estudiante que le trajese un cubo de agua para enfriar su baño.

El estudiante obedeció. Vertió el agua en la tina hasta alcanzar la temperatura deseada y entonces tiró al suelo la poca que sobraba.

–¡Zopenco! –le increpó el maestro– .¿Por qué no aprovechaste el resto para regar las plantas? ¿Con qué derecho te atreves a desperdiciar, aunque sea una sola gota de agua en este monasterio?

El joven estudiante realizó el Zen en un instante y cambió su nombre por el de Tekisui, que significa «una gota de agua».

La mayor hazaña

Al sur de la India vivía hace mucho tiempo un rey que tenía tres hijos. En cierta ocasión, queriendo comprobar el grado de sabiduría de cada uno les interpeló del siguiente modo:

–Decidme, hijos míos: ¿cuál es la mayor hazaña, el logro más importante que un hombre puede realizar en la vida?

El mayor dijo:

–Querido padre, a mi entender, la mayor hazaña que puede realizar un hombre es someter a sus vecinos, agregar sus estados al suyo propio y reinar como soberano absoluto de su numeroso pueblo siendo amado y respetado por sus súbditos.

El segundo dijo:

–Para mí no hay hazaña más grande que viajar por la tierra, conocer los más recónditos lugares y que no haya país en el mundo que me resulte extraño y desconocido.

El tercero, apenas un niño de ocho años, dijo lo siguiente:

–Querido padre, hay una hazaña que es difícil y grandiosa como ninguna otra en el mundo. Una hazaña que pocos intentan y aún menos consiguen: conocerse a sí mismo.

Este pequeño, renunciando a la corte y sus riquezas, se hizo monje y con el tiempo introdujo el budismo genuino, *I-Shin-Den-Shin* (de mi alma a tu alma) en China. Su nombre era Bodhidharma y fue el primer patriarca del budismo Zen.

La ofensa

En cierta ocasión un Brahman celoso del buda Shakyamuni fue a verle y, lleno de ira y resentimiento, comenzó a dirigirle improperios y a insultarle duramente.

El buda lo escuchaba pacientemente sin alterarse ni responder a los reiterados insultos que el Brahman le dirigía.

Después de un buen rato, el hombre se cansó de sus ataques verbales y se calló. Entonces, el Thathagata le preguntó:

–¿Ha terminado ya?

–¡Sí!, respondió el hombre.

–¿Recibe visitas en su casa? –le preguntó el buda.

–Sí, a menudo –contestó intrigado el hombre.

–Y, ¿le ofrece a sus visitantes comida y bebida? –indagó el buda.

–¡Desde luego! Esa es la costumbre –contestó el Brahman.

–Y si la visita no las quiere, ¿qué hace usted?

–No me importa, la como y la bebo yo mismo, dijo el Brahman.

Entonces el Buda Shakyamuni dijo:

–Eso mismo puede hacer con sus críticas. Ha sido muy amable al invitarme a conocerlas, pero yo no las quiero. No quiero compartirlas con usted, así que tómelas y cómaselas usted solo.

El Brahman, avergonzado, no supo qué decir.

Un ser querido

Una pobre viuda que vivía en los tiempos de buda Shakyamuni tenía un hijo al que adoraba. Un día su hijo enfermó y murió. Ella, enferma de dolor, se negó a enterrarlo y lo llevaba consigo a todas partes sin hacer caso de las palabras de consuelo y resignación que la gente le dirigía. Alguien le dijo que el buda vivía en un bosquecillo cercano a la ciudad con sus discípulos. La fama del buda se había extendido por todas partes y era considerado un gran santo capaz de hacer los mayores milagros. La pobre viuda llegó con el cadáver de su hijo ante él y echándose a sus pies le rogó, entre sollozos, que le devolviera la vida. El buda le dijo:

–Le devolveré la vida a tu hijo con la condición de que me traigas un grano de mostaza de una casa de la ciudad, en donde no haya muerto nadie.

La viuda, llena de esperanzas, partió para la ciudad y empezó su búsqueda. En ninguna casa le fue negado el grano de mostaza, pero...

–Mi padre murió hace un mes.

–Mi suegra expiró la semana pasada...

–Ayer hizo un año que murió mi marido...

No encontró una sola casa en donde no lamentaran la muerte de un ser querido.

Cuando la última casa del pueblo se cerró a sus espaldas no había podido conseguir aún el grano de mostaza. Al anochecer llegó hasta el Buda. Iba sola, llorando dulcemente.

–¿Y tu hijo? ¿Dónde lo has dejado? –le preguntó el Buda.

–Mi hijo ya no existe. Ha muerto y lo he enterrado junto a su padre. Ya he comprendido.

El tesoro

Tres hermanos se dedicaban a la mendicidad, vagabundeaban de una ciudad a otra y dormían donde les encontraba la noche. Hacía mucho tiempo que llevaban esta vida insegura y errante y ya estaban cansados de ella.

Una noche, cuando cenaban alrededor de una hoguera en las afueras de un pueblo, se les acercó un anciano y les pidió permiso para sentarse con ellos y compartir su cena. Accedieron de buen grado y el hombre, que era muy viejo, les preguntó quiénes eran y a qué se dedicaban. Cuando el anciano supo que eran mendigos y que estaban aburridos de esa vida les dijo:

–Precisamente estaba yo buscando a alguien como vosotros. Habéis de saber que tengo un campo aquí cerca. Lo heredé de mi padre que antes de morir me dijo que guardaba un tesoro. En mi juventud me dediqué a viajar y a divertirme, y ahora, aunque quisiera, no podría dedicarme a buscar el tesoro porque soy demasiado viejo y no tengo el vigor suficiente para cavar el campo. No tengo hijos, ni parientes cercanos. Pronto moriré y el tesoro quedará escondido para siempre.

Si queréis, vosotros que sois jóvenes y tenéis tiempo, podéis aprovechar esta oportunidad. Os regalo el campo con la condición de que empecéis a buscar el tesoro inmediatamente.

Los tres hermanos, locos de alegría, aceptaron sin titubear el regalo del viejo y le prometieron cavar sin descanso.

Por la mañana, el viejo los llevó hasta el campo y deseándoles suerte, se marchó. Ellos empezaron a cavar con entusiasmo. Era un campo bastante grande, la tierra estaba dura y con todo el aspecto de no haberla tocado jamás. Las malas hierbas, los cardos, cubrían todo el campo. No era una tarea fácil. Ellos no habían trabajado nunca y era agotador incluso para un labrador experto.

Antes de empezar a cavar tuvieron que quitar la maleza y arrancar las raíces. Esta tarea les llevó un mes.

Al cabo de otro mes, apenas habían cavado la décima parte del campo. El entusiasmo del hermano mayor empezó a decaer a medida que iba transcurriendo el tiempo. Tenía agujetas, las manos y los pies destrozados y, el tesoro ya le estaba pareciendo un sueño inalcanzable. Un día, tiró la azada y dijo a los otros dos:

–¡Me voy! No hay tesoro en el mundo que me haga levantarme al amanecer para dedicarme a un trabajo ingrato por una incierta recompensa. Si alguna vez encontráis un tesoro, cosa que dudo, renuncio a él. ¡Adiós, hermanos!

Y se fue, mientras los otros dos siguieron cavando. Pasó el verano y el otoño. El campo estaba cavado en sus dos terceras partes y el tesoro aún no había aparecido. Entonces el segundo hermano dijo al pequeño:

–Creo que el viejo nos ha engañado. Ya hemos cavado casi todo el campo y el tesoro no aparece. Ahora llega el invierno. Aquí, en invierno, hace mucho frío y nieva. Creo que me voy a marchar a un país cálido y a olvidarme de todo este asunto. ¿Te vienes conmigo?

–No, hermano –contestó el menor–. El campo ya está prácticamente acabado, no voy a renunciar ahora. Además, confío en las palabras del viejo. Me quedaré.

Y así, el hermano pequeño se quedó en el campo y siguió cavando de la mañana a la noche. Y vino el invierno con sus nevadas y luego, la primavera cargada de lluvias. Durante todo ese tiempo el joven no dejó de trabajar. Su cuerpo se había fortalecido con el ejercicio y la vida al aire libre.

Cuando el campo estuvo terminado, ya había llegado el mes de mayo y el joven había olvidado el objeto de tanto trabajo.

Pero el viento de marzo había depositado en el campo miles de semillas que, con las lluvias de abril germinaron en aquella tierra rica, labrada y preparada durante todo el año y que, a su debido tiempo, le procuró al joven una abundante cosecha.

El hermano menor había encontrado, por fin, el tesoro que el campo guardaba. Un tesoro inagotable que, debidamente cuidado por él, le duró toda su vida.

La perla

Un idiota tenía una perla y, muy orgulloso, la llevaba en la mano para que todo el mundo la viera. Pasó un conocido y al verle le dijo:

–¡Pero mira que eres imbécil! ¿Qué haces con esa perla en la mano?

Cuando oyó esto, el pobre tonto pensó:

–Yo sé bien que esta perla es preciosa pero no quiero que la gente piense que soy idiota. Tengo que pensar en mi reputación.

Así que, para evitar las opiniones irónicas de la gente le dijo a su criado:

–¡Toma! Lleva tú mi perla.

Y así fue como, al final, perdió la perla.

El caballo

Un muchacho tenía un hermoso caballo del que se sentía muy orgulloso. Un día el caballo se escapó y, por más que lo buscó, no pudo encontrarlo. La familia estaba desolada. A los pocos días, el caballo apareció acompañado por una preciosa yegua. La desgracia se convirtió en felicidad. El muchacho estaba loco de alegría pero el padre le advirtió:

–No seas idiota y no te alegres tanto.

Al día siguiente, al montar el caballo, el hijo se cayó y se rompió una pierna. La felicidad se volvió desgracia. Al poco tiempo, estalló la guerra y todos los muchachos del pueblo fueron movilizados; todos menos el muchacho cojo que fue declarado inútil. La mayor parte de los jóvenes murieron en el campo de batalla y, sólo él se salvó de tal suerte gracias a su cojera. La desgracia se tornó felicidad.

El mantra

Hace mucho tiempo, vivió un rey que tenía muy mal carácter. Queriendo cambiar, pues no le traía más que problemas, envió a uno de sus sirvientes a buscar un *mantra* que fuese eficaz para curar su cólera.

El sirviente se puso a buscarlo por todo el país. Después de varios años llegó a un templo donde le habían dicho que tenía el *mantra* que su rey necesitaba, pero era muy caro. El abad del templo le dijo:

–Si le parece demasiado caro ¡déjelo! No tengo prisa en venderlo.

–No, no. Mi rey lo espera. Ya hace tres años que ando buscándolo. ¡Me lo llevo!

Pagó lo establecido por el monje y volvió a su reino. Antes de ir a palacio, fue a su casa para ver a su mujer y, por la ventana, la vio charlando con un hombre que estaba de espaldas. Parecía contenta y su mirada detectó un destello de cariño. Los celos lo invadieron.

–¡Maldita mujer! –pensó–. Ha metido a su amante en nuestra propia casa. Y, buscando un cuchillo para matarlo, se dispuso a entrar y sorprenderlos. La cólera, invadiendo su cerebro, no lo dejaba ni respirar. Entonces se acordó del *mantra* que llevaba. Decidió probar su eficacia en él mismo. Lo abrió con mucho cuidado y leyó en el papelito primorosamente doblado: «Tenga paciencia. Concéntrese en la expiración. Estire la columna vertebral, alarge la nuca y recoja el mentón».

–¿Eso es todo? ¿Esto es lo que ha costado tanto dinero? –exclamó el criado.

Entonces constató, más asombrado aún, que su cólera había desaparecido. Con toda calma, entró en su casa. Su mujer, al verle, dando un grito de alegría, se echó en sus brazos y, su suegro, pues ese era el hombre que estaba con su esposa, lo saludó afectuosamente, muy contento de su regreso.

–¡Qué *mantra* más eficaz! –dijo feliz. Y fue contento a llevárselo al rey, alabando su inversión.

Las carrozas

Esta historia está sacada del volumen de metáforas del *sutra* del *Loto*:

Había una vez una casa encantada por un fantasma. Tres muchachos entraron en ella, la encontraron muy interesante y se pusieron a jugar. De repente, la casa se incendió. El padre de los niños acudió gritando:

–¡Salid, salid! ¡Estáis en peligro!

Pero la casa era interesante y los chicos no notaron el incendio; así que no hicieron caso. Entonces, el padre ideó una estrategia: preparó tres carros arrastrados por vacas y los decoró como si fueran carrozas, con guirnaldas y campanitas. Después volvió a insistir:

–¡Salid! ¡La carroza va a partir! y hacía sonar las campanitas.

Los niños se asomaron y vieron que las carrozas eran muy bonitas. Salieron y, subiendo a los carros, se fueron muy contentos.

Sólo está delicioso

Un maestro estaba comiendo melón y le ofreció a su discípulo.

–¿Qué? ¿está bueno? ¿cómo lo encuentras de sabor?

–¡Está exquisito, maestro! –respondió el discípulo.

–¿Qué es lo que está exquisito, el melón o la lengua? –preguntó el maestro.

El discípulo se estrujó el cerebro y extrajo la siguiente conclusión:

–El sabor del melón, puramente hablando, no existe; lo que percibimos de sabor es la interdependencia entre la lengua y el melón y, no sólo de estos dos sino también...

-¡Imbécil, más que imbécil! –le dijo el maestro montando en cólera–. ¿A qué viene complicarse de esa manera? ¡El melón está exquisito! Eso es todo.

Hacia donde tú quieras

El maestro Issan tenía una vaca con la que paseaba muy a menudo. La mayoría de las vacas en China tienen una argolla en la nariz para que puedan ser conducidas por sus amos. Pero la vaca de Issan estaba libre, no necesitaba ninguna argolla.

Cuando Issan salía del templo, allí estaba su vaca esperándole. La llevaba al prado, donde su vaca comía hierba fresca y fragante, sin que la argolla impidiese sus movimientos. Cuando Issan la llamaba después de hacer *zazen*, la vaca se incorporaba rápidamente y se iba tras él. Issan montaba sobre su lomo y le preguntaba:

–¿Hacia dónde iremos hoy?

–Hacia donde tú quieras –le contestaba la vaca.

La enseñanza

Un monje preguntó un día al maestro Tozan:

–¿Qué tipo de enseñanza podemos expresar?

–Cuando yo hablo, tú no puedes escuchar –dijo Tozan.

–Maestro, ¿la oye usted mismo? –preguntó el monje.

–Cuando no hablo, la escucho –respondió Tozan.

La vía

Joshu Shinsai era discípulo de Nansen, a su vez, discípulo de Baso y de Nanguku. Un día le preguntó a su maestro:

–¿Qué es la vía?

Nansen le respondió:

–*Heijo-Shin-Kore-Do*.

Joshu comprendió, pero sólo intelectualmente:

–Cada cosa es la vía.

–De acuerdo, pero ¿cómo puede realizarlo, comprenderlo, a través de todas las células de mi cuerpo?

–Tratar de comprenderlo es estar aún separado de ello, le respondió Joshu.

–La vía no depende ni de su conocimiento ni de su ignorancia. La vida cotidiana no es la prueba exterior de la verdad o de la falsedad. Es *Kore-Do*, la vía misma –respondió Nansen y agregó alzando la voz:

–¡Todo el mundo lo entiende! ¿Qué más quieres?

Con estas palabras, Joshu realizó la vía.

Un día sin trabajo...

El maestro zen, Daichi del Monte Hyakujo ,trabajó todos los días de su vida sin excepción, desde que era discípulo de Baso hasta su muerte. Era ya un anciano y, sin embargo, trabajaba a diario tan duramente como los monjes más jóvenes. Sus discípulos intentaban convencerle de que no debía trabajar a su edad pero él no les hacía el menor caso.

Un día, los monjes escondieron sus herramientas. Hyakujo se negó a comer ya que consideraba que no había hecho nada por la comunidad. Al ser interrogado por sus discípulos respondió:

–Un día sin trabajo es un día sin comida.

Esta frase se hizo célebre en toda China bajo la dinastía *Sung* porque ilustraba perfectamente la enseñanza de Hyakujo que se basa en la práctica cotidiana.

¡Qué ordinariez!

El maestro Obaku (*Huang Po* en chino), asistió en cierta ocasión a una ceremonia oficial a la que acudió también el emperador T'ai Chung. El emperador observó que Obaku al entrar en el dojo hacía *raihai* (una postración triple) al buda del altar y le preguntó:

–Si usted predica que no hemos de buscar cosa alguna del buda, del *dharma* ni la *shanga* ¿qué busca usted con tales postraciones?

Obaku le respondió:

–Nada espero del buda, del *dharma* o la *shanga*, pero tengo costumbre de mostrar así mi respeto.

–¿Y para qué sirve eso? –insistió el emperador.

Entonces Obaku, por toda respuesta, le propinó una sonora bofetada.

–¡Oh! ¡qué ordinariez! –se sorprendió el emperador.

–¿Pero, qué es eso de hacer distinciones entre ordinariez y buenos modales? –respondió Obaku–. Y le dio otra bofetada que dejó boquiabierto al emperador.

Un cojín no hace un buda

En Nan Hua Si (el monasterio del sexto patriarca) una vez, hubo un monje que empleaba unas horas cada día en sentarse tranquilamente sobre su *zafú* (cojín), disfrutando de la paz y tranquilidad que éste le daba. Pensaba que estaba meditando. Hui Neg, el sexto patriarca, dándose cuenta del error del monje se acercó a él.

–¿Por qué dedicas tanto tiempo a tu cojín cada día? –le preguntó.

El monje levantó los ojos sorprendido y respondió:

–Porque quiero hacerme un buda.

Hui Neng sonrió.

–¡Hijo mío –dijo–, puedes hacer un espejo puliendo un ladrillo antes que hacerte un buda sentado en el cojín!

Concentración

En cierta ocasión, un señor de la guerra que regresaba a casa tras una exitosa campaña militar, se detuvo en un monasterio. Fue a visitar al abad que era un antiguo profesor suyo.

El abad y el señor de la guerra estaban sentados en el patio charlando agradablemente y bebiendo té, cuando fueron distraídos por una discusión entre un novicio y un monje veterano. El novicio se quejaba de que la técnica de meditación que le había dado el monje veterano no era eficaz.

–¡No puede enseñarme a concentrarme y mucho menos a meditar! –gritó el novicio–. Deme una técnica más fiable.

Observando que la discusión estaba afligiendo a su viejo maestro, el señor de la guerra se levantó y dijo:

–Por favor, maestro, permítame ayudar a este joven. Cuando el maestro asintió con la cabeza, el señor de la guerra llamó a seis de sus arqueros.

Entonces el señor de la guerra llenó su taza de té hasta el borde y se la dio cuidadosamente al novicio.

–Toma esta taza de té –ordenó– Sin derramar una sola gota, llévala alrededor de toda la periferia de este patio.

Cuando el novicio cogió la taza, el señor de la guerra ordenó a sus arqueros:

–¡Seguidle! Si derrama una sola gota, ¡disparadle! Los arqueros tensaron sus arcos y comenzaron a caminar detrás del novicio que, durante los veinte minutos siguientes, aprendió a concentrarse.

Las enseñanzas Zen del maestro Xu Yun

En el año 1900 surgió la famosa Rebelión *Boxer* contra los extranjeros. Ocho potencias extranjeras, provocadas por el ataque de sus consulados, enviaron fuerzas expedicionarias a Pekín. El emperador Manchú Guang Sui y la emperatriz viuda Zi Xi habían apoyado a los *Boxers* en sus ataques y por eso, temieron por sus vidas. Disfrazados, huyeron de Pekín buscando la seguridad de la provincia Shanxi. Yo era miembro de su séquito.

Nadie estaba preparado para el viaje. Habíamos partido tan repentinamente y bajo tales condiciones de emergencia, que no hubo tiempo de aprovisionarse. No teníamos nada de comida. Tampoco caballos o dinero.

Como se pueden imaginar, esta situación fue particularmente difícil para la familia imperial. No solo es que nunca hubieran experimentado hambre, sino que sus apetitos se habían satisfecho siempre con los manjares más delicados. Y por supuesto, nunca habían ido caminando a ninguna parte. Sillas de manos y carruajes siempre habían mantenido sus pies a una buena distancia del suelo. Y ahí estaban... ¡Intentando pasar por ciudadanos normales!

El primer día caminamos mucho y teníamos un hambre terrible, pero los establos y las cocinas imperiales eran sólo un recuerdo.

Finalmente, exhaustos y hambrientos, suplicamos por un poco de comida. Un campesino nos complació dándonos parras de boniatos y sobras que normalmente se reservaban para los cerdos.

Pues bien, el emperador, que estaba completamente débil y destrozado, nunca antes había tomado comida de cerdo. Pero a causa de su necesidad, pensó realmente que las parras y las sobras estaban deliciosas.

–¿Qué es esta excelente comida? –preguntó. Y, desde luego, se quedó sorprendido al conocer su identidad.

–Más, más –dijo–. Y se comió con gusto todo lo que pudo.

No podíamos demorarnos en degustar tan placentera comida ya que, desafortunadamente, estábamos escapando de ocho ejércitos diferentes. Como decían, teníamos que *comer y correr*.

Apresuradamente nos pusimos en marcha.

Así estaba el poderoso emperador de China, que anteriormente era llevado a donde quería ir y que nunca comía nada que no fuesen los platos más delicados del *gourmet*, corriendo por los caminos y cenando comida para animales. Me imagino que dirán que estaba perdiendo las formas... También mentalmente, pues perdió todos sus aires imperiales y parecía encontrarse bien en la simplicidad y humildad de la situación.

Pero ¿qué fue lo que motivó al emperador a caminar tan deprisa y a comer con gusto tal comida? Y ¿por qué descartó su porte imperial? Se lo diré: ocho ejércitos extranjeros querían matarle y él lo sabía. Estaba corriendo por su vida y de repente, desarrolló un sentido bastante agudo para distinguir en qué era importante esforzarse y en qué no.

Tiempo después, cuando se reestableció la paz, se marcharon los extranjeros. El emperador y la emperatriz viuda pudieron al fin regresar a Pekín. El volvió a sus viejas maneras. Se convirtió de nuevo en el importante y poderoso señor. Siempre que sentía la más insignificante muestra de hambre, se atiborraba de delicias y, por supuesto, nunca más volvió a caminar a ningún sitio.

Cuando estaba huyendo por salvar su vida, se hizo de acero. Pero ahora era de nuevo estúpido. Se echó a perder.

La estrella

Zazen desnuda completamente al ego que nunca está satisfecho. Si la fe no aparece, la gente duda y no puede continuar. En otro tiempo, un joven monje presa de estas dudas, no podía comprender qué había que hacer para creer, para tener fe. Fue a ver a su maestro y le preguntó si podía esperar comprender en el futuro, aunque sólo fuera un poco.

–No es necesario comprender –respondió el anciano maestro.

–Si no comprendo ¿cómo puedo tener fe? –preguntó el monje.

–Inútil tener fe.

–Entonces no entiendo nada.

–Lo único que necesitas es una fuerte certeza.

Anochecía y el anciano maestro salió del templo con su discípulo. Apuntando hacia el cielo con el dedo le preguntó:

–¿Ves la estrella que brilla allí arriba?

El joven miró en la dirección indicada y respondió:

–Sí, la veo.

–¿Ves ahora esa otra que está justo al lado?

–No hay ninguna al lado –dijo el discípulo.

–Mira bien.

Y efectivamente, el discípulo percibió una estrella casi invisible. Si trataba de mirarla directamente no podía verla pero, en cambio, si la miraba ligeramente de soslayo la estrella se volvía perceptible. El maestro le dijo entonces:

–Es lo mismo que la certeza. Comprender es ver la estrella que brilla. Tener fe, es estar seguro de que existe una estrella aunque uno no la vea. La certeza interna es saber que existe aunque no se perciba claramente. He utilizado esta metáfora para educarte, ahora debes comprender por ti mismo.

Al joven monje le impresionó muchísimo la sabiduría de su maestro, pero se preguntaba cómo podía éste saber que había una estrella invisible justo en ese sitio. El maestro dijo entonces:

–Las estrellas son innumerables; creo que tú y yo no mirábamos la misma. El número de estrellas es tan grande que siempre existe una invisible en cualquier lugar y que sólo se puede ver si se mira sin mirar.

Cuando el espíritu...

Eno era leñador en los bosques de la provincia de Shinshu, al sur de China. Su padre había sido gobernador de un pueblo cercano a Pekín pero cuando murió, siendo Eno un niño de tres años, su madre tuvo que emigrar al sur donde ella y su hijo pasaron muchas calamidades. Eno no sabía leer ni escribir porque desde que tuvo fuerzas suficientes para hacerlo, se dedicó a cortar leña y venderla para poder vivir. Nunca fue a la escuela. Por otra parte, en aquella época era muy común que la gente del pueblo fuera iletrada.

Un día de lluvia en el que Eno, refugiado bajo un soportal, esperaba que escampase para seguir vendiendo su carga de leña oyó en una casa cercana a un hombre que recitaba un *sutra*. Cuando la siguiente frase del sutra llegó a sus oídos:

[...]cuando el espíritu no se fija en ninguna parte el verdadero espíritu aparece[...]

Eno, profundamente impresionado, tuvo un *satori* (Iluminación). Entró en la casa y le preguntó al hombre:

–¿Qué lee usted? ¿Qué sutra es este?

El hombre respondió:

–Es el *Kongo Kyo*, el *sutra* del diamante. Lo he recibido del quinto patriarca, Konin, del monte Obvia. Si quieres comprender su significado debes ir allí.

Y Eno, sin dudarlo, se dirigió allí.

La calumnia

El emperador Taiso, de la dinastía Tao, era un soberano prudente y sabio. Un día, uno de sus ministros le dijo:

–Debo advertir a su majestad que hay gente malvada que está calumniando vuestro nombre.

Pero el emperador, sin alterarse, respondió:

–Si como emperador mi virtud está probada, no tengo por qué temer la calumnia de la gente. En cambio, siento un profundo temor a ser elogiado y alabado por virtudes de las que carezco.

El banquete

Voy a contar la historia de Ikiu, un célebre monje japonés. *I* significa «uno»; *Kiu*, «reposo», «descanso».

Era hijo del emperador ,que lo tuvo con una de sus criadas y, para tapar el desliz, lo confió a un templo. Pero todo el mundo sabía que él era un príncipe.

Cuando Ikiu era todavía un niño, el jefe del templo lo envió con un mensaje urgente a otro templo. El pequeño se puso a correr y pronto se encontró delante de un puente en cuya entrada había un letrero que decía: «No pasar por este puente, está en reparación». Ikiu lo atravesó rápidamente, pero un policía que lo observaba le paró y le dijo muy enfadado:

–¿No te habías fijado en el letrero?

Ikiu respondió:

–Sí, me he fijado. Pone que no se puede pasar por en medio del puente y yo he pasado por el borde.

Más tarde llegó a ser jefe de Daitoku-ji, el templo más bello de Kioto e introdujo la ceremonia del té, de la que es fundador. Bebía *sake* con las *geishas* y no cuidaba para nada su apariencia.

Un día, un hombre rico lo invitó a una ceremonia conmemorativa para sus antepasados. Ikiu se presentó en la mansión vestido como un mendigo y los criados, tomándolo por un pordiosero, lo echaron. Entonces Ikiu volvió al templo y, por primera vez, se puso un hermoso hábito violeta, dorado y blanco con unos zapatos blancos.

Vestido así, se dirigió a casa del hombre rico donde le estaban esperando. Allí recitó el *Hannya Shingyo* tres veces, cambiando de ritmo pues había olvidado su libro de *sutras*. De todas formas, nadie lo iba a entender...

Cuando terminó la ceremonia se dirigió al comedor y los criados pusieron deliciosos manjares ante él. Entonces, Ikiu dobló su hábito y lo puso ante la mesa sin hacer ningún ademán de tocar los platos.

–¿Por qué no come usted? –le preguntaron.

–Porque este banquete no me ha sido ofrecido a mí, sino al hábito.

El artista

Un conocido médico era aficionado a la alfarería y a menudo reunía a sus pacientes para hacerles admirar sus obras.

Un día invitó a un maestro zen conocido suyo y, mientras los asistentes admiraban un pequeño bol, se volvieron hacia él para pedirle su opinión.

El maestro miró gravemente en torno a él y dijo:

–Si alguno de ustedes cae enfermo, les aconsejo que nunca recurran a este hombre. Debe ser un médico deplorable.

Se hizo un silencio mortal y un viejecito preguntó:

–Pero, ¿por qué dice usted eso?

–Porque su corazón no está en la medicina. Este doctor colecciona pacientes con el único propósito de mostrarles sus obras de alfarería que, además, apenas son aceptables.

El golpe fue tan duro para el médico, que perdió la vanidad artística que alteraba sus cualidades médicas.

Los diez **bueyes**

Los diferentes pasos del Zen que conducen a la Iluminación fueron representados en unos dibujos del siglo XII d.C. por el maestro chino Kakuán. Son diez cuadros en los que un campesino busca a su buey.

Estos dibujos han resultado una fuente constante de inspiración para los estudiantes de todas las épocas y han sido reproducidos en multitud de ocasiones a lo largo de los siglos.

1. La búsqueda del buey

Desolado por los bosques y temeroso en las selvas, busca al buey que no encuentra. Por encima y por debajo de anchos ríos, sin nombre; por la espesura de la montaña, recorre muchos senderos. Cansado, descorazonado, continúa la búsqueda de lo que no puede hallar. Por las noches escucha a las chicharras que cantan en los árboles.

2. Descubrimiento de las huellas

Ha visto innumerables huellas en el bosque y en las riberas. ¿Más allá ve unas huellas? La cañada más profunda de la montaña no puede esconder la nariz de este buey que llega hasta los cielos.

3. Descubrimiento del buey

Un ruiseñor canta en la enramada. El sol brilla sobre los ondulantes sauces. Ahí está el buey. ¿Dónde podría esconderse? Esa espléndida cabeza, esa majestuosa cornamenta ¿qué artista podría pintarlas?

4. La captura del buey

Debe tomar la cuerda con fuerza y soltarla pues el buey todavía es salvaje. Ora, arremete hacia las montañas, ora, holgazanea por la brumosa cañada.

5. Domesticación del buey

Debe sostener la cuerda con firmeza y evitar que el buey vague sin rumbo y sobre todo, no dejar que se pierda en alguna zona lodosa. Al cuidarlo debidamente, se vuelve limpio y manso. Ya sin rienda, sigue voluntariamente a su amo.

6. Conducción del buey a casa

Cabalgando libre como el viento, vuelve al hogar regocijado, atravesando las brumas nocturnas con su amplio sombrero de paja y su capa. A donde va, lleva consigo una brisa fresca y en su corazón reina una profunda tranquilidad. Este buey no necesita ni una brizna de hierba.

7. Trascender el buey

Únicamente, sobre el buey pudo volver al hogar. Pero ¡Oh! El buey se ha desvanecido mientras el hombre queda solo y serenamente sentado. El sol refulgente cabalga por los cielos mientras el hombre sueña plácidamente. Bajo el techo de paja yacen ociosos el látigo y la cuerda.

8. El buey y el ser son trascendidos

Látigo, cuerda, buey y hombre por igual pertenecen al vacío. Así de vasto e infinito es el cielo azul que ningún tipo de concepto lo alcanza. Un copo de nieve no sobrevive al fuego ardiente. Cuando se realiza este estado mental, por fin se comprende el espíritu de los antiguos patriarcas.

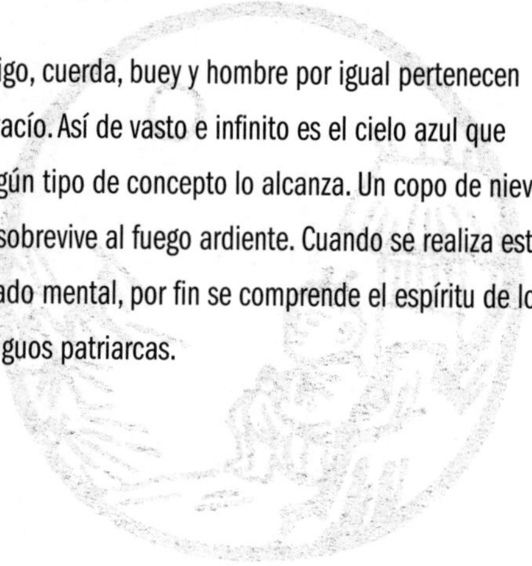

9. Alcance de la fuente

Ha retornado al origen. Ha vuelto a la fuente, pero sus pasos han sido en vano. Es como si ahora estuviese ciego y sordo. Sentado en su choza no anhela las cosas externas. Los ríos fluyen por sí solos, los capullos dan naturalmente flores rojas.

10. En el mundo

Con el pecho desnudo y descalzo, llega al mercado. Sucio y polvoriento sonríe abiertamente. Sin recurrir a poderes místicos, hace florecer árboles marchitos.

Bibliografía

Zen. *Selección de textos clásicos que invitan al despertar de la conciencia a la meditación.* Integral. Barcelona.

A *Woman's Book of Zen.* Peter Pauper Press Inc. Nueva York.

Carne de Zen, huesos de Zen. Antología de historias antiguas del Budismo Zen. Ed. Swan. Madrid.

El cuenco y el bastón. 120 cuentos Zen. Taïsen Deshimaru. Edicomunicación. Barcelona, 1981.

Historias Zen. Recopiladas por el Maestro Taïsen Deshimaru y algunos de sus discípulos. Editorial Sirio, Málaga.

El Koan Zen. Juan García Atienza. Ed. Eyrás, Madrid.

Aprender meditación Zen. David Fontana. Ediciones Oniro. Barcelona.